Le cœur qui éclate en silence

© 2024, Fantin Martinet

Illustrations :
Flore Perrault

Correction :
Bénédicte Gaillard

Tous droits réservés pour tous pays.
Toute reproduction de ce livre, même partielle, par tout procédé, y compris la photocopie, est interdite.

Édition : BoD – Books on Demand, info@bod.fr

ISBN : 978-2-3225-1967-5

Fantin Martinet

Le cœur qui éclate en silence

Le monde a soif d'amour :
  Tu viendras l'apaiser.

Arthur Rimbaud

Avant-propos

J'ai écrit ce recueil comme on prononce un premier *je t'aime* : d'un ingénu naturel, sans un seul doute, de manière un peu gauche, d'un désir passionné, avec candeur et non sans gêne.

N'en déplaise aux plus misonéistes, ce n'est plus une poésie surannée que je propose ici. *À quoi bon oser écrire de tels textes, parfois amphigouriques ? À quoi bon écrire des élucubrations qui ne me ressemblent pas ?*
Dans ce livre, je me fais moi. Ni plus, ni moins. Je veux des textes vrais et des textes vies. Des textes obvies et dénués de toute afféterie.

Je ne fais pas de littérature ; *j'écris.*
J'ai l'effronterie de peindre la mélancolie avec alacrité, de tenter de faire de mes mots d'alléchantes incarnations de l'amour, et parfois même, de rayonnants messages d'espoir.
Je crois que je suis davantage un enfant qui joue qu'un homme qui écrit.

Aussi, c'est une poésie à ma génération. Avec tout ce qui l'accompagne. Une forme de poésie novatrice, à l'image de celle que l'on trouve sur *instagram* ; des textes courts, concis. C'est une poésie laconique que j'ai souhaité livrer puisque –

assumons le enfin – il est tristement vrai que notre génération plonge dans la fugacité.

Alors, quitte à être prompt, furtif et éphémère, puisse ce livre être lumineux dans l'obscurité : puisse ce livre être un coup de foudre.

En écrivant ces quelques lignes, je repense aux mots de Rainer Maria Rilke, qui, je me dois de l'avouer, m'ont fait douter : *« N'écrivez pas d'histoires d'amour, évitez dans un premier temps ces formes trop courantes et trop banales : elles sont ce qu'il y a de plus difficile, car donner quelque chose d'original [...] requiert une grande force déjà mûrie. »* Alors, en effet, mille excuses, vous ne trouverez peut-être pas ici l'originalité, mais vous pourrez cueillir ma sincérité. J'ai considéré que, si ce n'était pas plus noble, ça l'était au moins tout autant. Et surtout, je crois que l'on ne peut pas passer à côté de sa vie par peur de ce que les autres vont dire, ou pire, penser.

Je ne souhaite pas que ce livre soit lu comme un recueil de poésie, mais comme le journal intime d'un ado qui vieillit mal, comme le journal de bord d'un capitaine égaré qui tente, tant bien que mal, de retrouver son chemin avec les étoiles, comme un sac de pensées, un condensé de réflexions.

Alors voilà, ce livre est pour toi, homme singulier, à qui l'on a inculqué qu'exprimer sa sensibilité était une honte, qui pourra aller crier que ce qui paraît être le plus faible en nous est en réalité le plus fort ; *ne sont-ce pas les sentiments les plus communs qui nous ont le mieux bâtis ?*

Ce livre est pour toi, qui t'es parfois senti trop seul tout en étant plein. La lecture a cette belle singularité : c'est l'unique moment où l'on peut se sentir accompagné tout en étant seul. Soyons ainsi soignés de toute déréliction : nous ne sommes jamais aussi peu esseulés que lorsque l'on réunit deux solitaires.

Enfin, ce livre est pour toi, la petite fille ou le petit garçon que tu étais, qui pensait que les adultes remettraient le monde en bon état avant de nous le donner. *Comment avons-nous osé être aussi naïfs ?* Il est aussi pour le toi d'aujourd'hui, qui voit que la planète prend des degrés, que les bombes explosent encore, que parfois les libertés régressent et qui croit profondément que la poésie peut amener un soupçon de beauté à ce monde.

Je ne veux pas devoir penser que voir nos forêts brûler doit nous empêcher de raviver la flamme poétique.

Laissez les admonestations faire place à la poésie évanescente, comme une pépite d'or dans une mer de sang, comme une étoile brillant dans l'orage grondant.

Ne laissez jamais la moindre lumière trop envahissante vous aveugler, ne laissez jamais rien, ni personne obombrer votre folie de la vie.

En quelques mots :
ce livre
c'est moi,
et tant mieux si c'est *vous*.

                                          Fantin Martinet

Partie 1

Tant d'ombre dans ta vie

Un livre ne suffira pas.
Elle est, semble-t-il, le paradoxe de mon existence. Je ne sais comment l'exprimer, elle emplit toutes les contradictions, elle vit dans l'étau de tous mes doutes. Elle est la question et la réponse, le jour et la nuit, l'étoile et la planète.
Alors,
   comment vous
  faire comprendre,
   que pour moi
 – qui déteste la *guerre* –
  ma plus grande *paix*,
  c'est quand elle a
les cheveux *en bataille* ?

L'écriture

est un

accident

du *silence*.

Tu étais devenue celle que j'avais fuie :

l'*illusion amoureuse*

        celle qui
se nourrit de nos *espoirs*
et tente de ruiner notre *réalité*

tout en la côtoyant.

Ce soir encore, le ciel s'est couché sur mes rêves. Les couleurs que tu semblais dessiner de tes caresses fuient dans l'immensité du temps. Plus rien ne brille, plus rien ne me guide. J'ai une bougie, mais tu as le vent. Je suis, au mieux, comme la nuit qui lutte contre le jour.

Je n'arrive plus à sortir de ma vie en **noir et blanc** depuis que nos étoiles sont éteintes.

Toutes
les pages
des
livres
sont
noires,
ce sont
les mots
qui
viennent
les
rendre
blanches.

Quel est ce monde qui a du
mal à accepter les blessures ?
comme si
les sombres recoins
n'avaient pas le droit d'être
mis en lumière,
comme si
les fêlures s'ouvraient vers le
vide
comme si
on avait oublié que
plus on est proche d'une
source lumineuse,
plus l'ombre est grande.

Quelqu'un leur a-t-il dit que ce sont les
failles qui laissent passer la lumière ?

Le vague à larmes

Ma poésie, c'est les vagues de mes pensées qui viennent répétitivement se briser contre les rochers de ton sourire. D'aucuns sont captivés par le bruit des vagues. Ce bruit agressif, ce ronron incessant qui attire l'esprit. Le bruit des vagues n'est pas doux, il capture toute pensée. Je reste vague, mais ceux qui écoutent leur bruit passent à côté de tout.

      J'ai une vague dans l'âme,
         le vague à l'âme,
         une vague de toi,
      j'ai un sac de larmes,
         un lac de rien.

Peu importe,

La poésie, ce n'est pas le bruit des vagues, c'est le silence qui se loge entre chacune d'elles.

Voilà pourquoi en réalité,
je ne suis pas un poète qui écrit,
mais *un homme qui se tait.*

*Jamais
je n'aurais pensé
qu'un jour
mon sourire
pourrait
me manquer
plus que le tien.*

Je crois que

jamais

      je ne me ferai à l'idée que

     certaines personnes sont destinées

          à *rester dans notre cœur*

          mais à *partir de notre vie*.

Aimer,
C'est aussi savoir laisser partir.

Il y a
un peu de *toi*
dans chacun
des *autres*.
Je cherche
un peu de *toi*
dans chacun
des *autres*.

Lorsque,
tiraillé par l'espoir qu'elle me brandit vaillamment,
je pris appui sur les piliers de sa beauté et de son authenticité comme on se déchire entre la *légèreté du réveil du dimanche matin* et *la nostalgie du film du dimanche soir*,
    je me sentis tendu,
comme *le hamac de la poésie* dressé entre deux arbres :
celui de la *mélancolie*
et celui de l'*allégresse*.

En partant
elle prit le temps de me dire
que désormais
j'aurai tout le temps pour parcourir le monde,
mais elle ignorait à quel point
sans elle
le monde est petit
et que
pour moi
faire le tour du monde
c'est faire le tour de ses hanches.

La véritable douleur

c'est de te voir partout

sauf à mes côtés.

S'offrir le *droit* de l'aimer

c'est se donner la possibilité

du *devoir* de l'oublier.

Ma vie ne rime
plus à rien
tant c'est devenu
compliqué d'écrire
MOI
en m'interdisant
de le faire
rimer avec
TOI

Je me sens perpétuellement
enchaîné, et toi – comme
ceux qui te jettent des épines
en te faisant croire que ce
sont des roses –, tu lances de
l'or sur mes menottes pour
me faire croire qu'elles sont
un précieux bracelet.

Et elle est aussi là,
la triste réalité,
le grand paradoxe
de mon existence :

C'est ta *prison amoureuse* qui me rend *libre*.

Toi aussi tu l'as,
cette *impression de cœur volé* ?

Toi aussi tu l'as,
cette *sensation de tout rater* ?

Toi aussi tu l'as,
cette *mélancolie affolée* ?

Toi aussi tu l'as,
cette *larme intemporelle* ?

Toi aussi tu l'as,
cette *âme artificielle* ?

                                       Moi aussi,

                                          je l'ai.

Tu me bouffes le cœur
avec la même hargne
qu'un *chien enragé* et
avec le même charme que
*l'archet qui vient mordre
les cordes du violon.*

J'ai pris trop de temps
à le perdre
-le temps

.

.

.

:

Mes matins
se couchaient
quand
ses nuits
se levaient ;
Tes cheveux
mouillés le soir
ont la fraîcheur
de chaque matin.

J'ai arrosé une plante.

                Beaucoup trop.

De ses feuilles tombées,
elle m'a enseigné
qu'à vouloir trop
donner
        on finit par
           détruire.

   Et,
      comme un coup de couteau,
      sa question me poignarda :

« Pourquoi passes-tu ton temps
À rêver l'irréalisable,
À crier l'indicible,
À courir après des âmes indécises ? »

Et après ?

Que deviendrai-je quand la question

« *et après ?* »

m'aura définitivement abandonné ?

Quand la **réalité** aura rattrapé mon **imagination** et la **paresse**, ma **volonté** ?

Quand l'amour de l'**aventure** aura été devancé par l'amour du **confort** ?

Quand mon **innocence** aura coulé dans la **connaissance** ?

Quand la **sagesse** prégnante aura conquis mon **extravagance** ?

Quand l'**absurdité** admirable sera écrasée par la **raison** trop correcte ?

Quand le monde **merveilleux** ne sera plus qu'**ordinaire** ?

Quand les **rêves** m'apparaitront *irréalisables*,

ou pire,

inimaginables ?

On me demande parfois
si j'écris
pour entrer
dans l'histoire ;

    Ces gens n'ont décidément pas compris :
        si j'écris
        c'est pour entrer
        dans son cœur.

J'aurais envie de me gaver de toi

En revoir des pages

Des textes

Et des mots

                Mais aujourd'hui

          Et sans doute pour l'éternité

                Je reste insatiable

               Tout en étant nourri

            Par une sombre réalité :

Être affamé de *toi*,

C'est nourrir ma *mélancolie*.

Elle est à l'image de ce monde.

Ce monde qui préfère jeter *le cadavre des émotions* dans la fosse commune du rien, du plat, du vide.

   - Je fuis ceux qui s'amputent de ce qu'il y a de plus mélancolique dans l'existence -

      Je suis de ceux qui conservent la dépouille, de ceux qui, quand elle se décompose, cueillent sur elle *les plus grandes saveurs de la vie*, même si elles sont acides.

      C'est la tâche du poète.

Toi et moi,
on s'accordait
même avec *avoir*,
tu étais un peu mon
complément d'objet direct
placé avant mon verbe ;
tu étais *mon complément de moi*,
et quand tu apparaissais,
j'avais envie de déposer un verbe,
de saisir une feuille.

- mais, quelques fois,
j'aurais préféré être ton « être »,
qu'on s'accorde plus facilement -

Elle avait
la bouche
qui criait
je t'aime
Et le cœur
qui hurlait
va-t'en

Oh non, ce n'est pas parce que
chaque pétale est une illusion,
et chaque épine, une réalité
que l'*amour est une rose.*

> Si l'amour est une rose, c'est parce que la rose est une fleur, et qu'arroser une fleur, c'est prendre le risque de la déception qu'elle ne germe pas et qu'oser laisser éclore une fleur, c'est prendre en considération qu'un jour, elle fane.

Ce soir
j'aurai envie
de venir *reposer*
mes rêves *épuisés*
dans un recoin
de ton âme
cadenassée.

Le bateau
de la *poésie* est fait
en planches
de radeau *d'amour*.

Elle a toujours une larme,
cette larme,
qui ne vient pas perler le
long de ses joues,
cachée,
dissimulée comme *une
énigme masquée sous la
paupière*, comme *un secret
enfoui au fond de l'âme.*

*
*Les reflets des larmes
sont les pensées de l'âme.*
*

MA VIE CESSERA-T-ELLE, UN JOUR, D'ETRE UN DOUTE PERMANENT ?

Je ne peux rien

contre ton *âme déchirée*

        mais peut-être

        que me laisser soigner

        ton *cœur écorché*

                serait tenter de sauver

                      ton *âme*

                      qui ne fait que *faner*

                        face à *l'éternité*.

J'ai le cœur en paix ;

Tu habites mon cœur comme on enferme le soleil au congélateur.
Il n'est pas froid non,
mais j'ai le cœur en paix, et toi tu viens innocemment y faire la guerre.

Que j'ai honte d'avoir le cœur
en champ de bataille chaque fois
que ses yeux chatouillent mon cœur.

Tu coudoies ma propre ombre et la fais danser comme un cadavre.
Tu es comme intangible. Tu me suis, tu me touches, comme le marcheur caresse son ombre à midi.

Hélas, même si quelqu'un voulait bien croire à
mes folies poétiques, mon congélateur aurait
fondu dans une odeur sépulcrale bien avant
d'avoir congelé le soleil.

Pendant longtemps,
j'ai cru avoir la liberté de t'aimer.

Évidemment,
je me suis trompé.

J'en ai même trahi
ma liberté
dans son essence même.

Parfois

La nuit

Je repense à ces souvenirs
que l'on n'a jamais vécus

À tes mots
que je n'ai jamais entendus

À tes yeux
que tu ne m'as jamais offerts

Et à ton cœur
que tu ne m'as jamais ouvert

Ceux qui ne t'ont pas connu
ne savent rien de l'amour ;
il est un mensonge pour
ceux qui ne t'ont pas aimé.

J'ai placé en toi
l'espoir
le besoin de croire
et je me dis souvent
que
peut-être
que
      si l'on m'avait appris
        à croire en Dieu

            j'aurais
        un peu moins cru en *toi*
            j'aurais
        un peu moins cru en *nous*

Dans un sens donc,
Es-tu ma déesse ?

J'aimerais pouvoir te déclarer
Ma flamme candide
Mais mes souvenirs turpides
Ont fait que dans mon cœur
Tout a déjà brûlé.

Il y a ces mots

que l'on s'interdit d'oublier

                              Et les autres

                  qui nous interdisent d'oublier

J'ai voulu fuir ton regard
qui me faisait tant d'ombre
et finalement
je n'ai rien trouvé de mieux que de
dessiner mes *rêves lumineux*
dans *l'ombre colorée de tes yeux.*

?

*Est-ce ton cœur volé
qui t'empêche d'aimer ou
tes souvenirs fanés
qui s'interdisent de rêver*

?

-Qu'est-ce qui t'a
plu chez elle ?

-Sa manière
d'affronter la vie.

Narcissisme amoureux

La solution à la nocivité du chagrin est-elle de savoir qu'il est partagé ?

J'étais de ceux qui ont la stupidité de tenter d'alléger les larmes d'un ami en lui disant – *« je sais ce que tu ressens. »*

Je crois que, sans même adoucir le chagrin, cette réflexion rehausse la colère.

Me faire notaire des amis qui écrivaient le testament de leur amour aurait dû être ma priorité.

Comment ai-je osé prendre tant de temps pour comprendre qu'il n'y a rien de plus égoïste qu'un sentiment amoureux ? Rien de plus égocentrique qu'un cœur amoureux.

    Le narcissisme amoureux.

    La conviction de l'unique.

Non, on ne peut pas comprendre,

Parce que c'est *lui*.

Parce que c'est *elle*.

Parce que c'est *eux*.

Et qu'*un nous, c'est unique*.

écrire,

c'est revivre nos traumatismes,

en espérant qu'ils s'atténuent.

Sans cesse,
Ces mêmes doutes me hantent.

J'en viens à croire que
le doute,
c'est la raison
qui nous chuchote
qu'elle aimerait
avoir tort.

Comme un cliché poétique,

    J'ai tenté d'accrocher des roses

        Sur un fil tendu entre deux étoiles.

Elles ont brûlé.

On est tous
Le plus grand rêve
Le pire cauchemar
De quelqu'un
     Et
  Je crois que j'ai parfois tendance
       À oublier
    Que les autres aussi sont
       Quelqu'un
      Autant que
      Je ne suis
      Personne

? Aurai-je pris conscience,
à 80 ans,
d'avoir couru après des espoirs
aussi évaporés
que l'âme espérée ?

Tout le monde
écrit
a écrit
ou écrira.

Et une chose résonne en moi
comme une évidence :
    Ce qui fait l'écrivain
    N'est pas son talent
    Mais *son courage de se dévoiler*.

J'aimerais saisir toutes tes douleurs,
les repenser,
te panser de mes mots.

Comme une promesse :
Je prendrai tes maux
Jusqu'à ce que tu en perdes tes mots.

Ses yeux semblaient avoir amassé

toutes les peines du monde

comme si on avait amoncelé

les LARMES qui ont coulé

de toutes les ÂMES éplorées

pour les glisser

dans son CŒUR.

J'aimerais qu'il existe une gomme à l'amour
Comme il existe une gomme au crayon
Pour toutes les chimères
Que j'ai affabulées.

Finalement,
que vais-je laisser ?

La nuit m'a répété
    que j'étais
        le souci
            de mes soucis.

Je t'écris.

Encore une fois,
encore un mot,
mon cœur pense à toi.

Alors voilà,
je t'écris.

*- Enfin, je ne sais toujours pas si c'est
de l'écriture ou du babillage -*

Ne va pas croire que ces mots te sont destinés ; même s'ils l'avaient été, j'aurais prié pour que tu n'en sois pas destinataire.

Je t'écris, non pas parce que ces mots doivent te parvenir, mais parce qu'ils sont toi. En tout cas, ils essaient.

Je t'écris, non pas comme je te parle, mais comme j'aurais pu te peindre, te dessiner ou te croquer.

J'essaie d'être un peu toi. Mais ce n'est pas l'exercice le plus aisé. Et je prends conscience du point auquel il est dur d'être un autre et pourtant si complexe d'être soi.

*Avais-je au moins appris à te lire
avant de t'écrire ?*

Tu sais, j'aimerais écrire le plus
beau de tous les poèmes.
Pas pour la reconnaissance, la
fierté, ou ces autres fausses
joies qui nous matraquent, mais
pour toucher un peu à ta
poésie.

Mais hélas, en te rencontrant,
j'ai su que jamais je ne pourrai
écrire le plus beau des poèmes :
il existait déjà.
Je venais de le rencontrer.

Mais être avec toi, c'est prendre
une petite place dans tes
futurs souvenirs.
Et ça,
*se faire coauteur d'un bout
de ton histoire,*
c'est un peu comme *écrire le
plus beau des poèmes.*

j'ai

parfois

l'impression

que

l'on

croit

que

mon

cœur

torpide

n'est

qu'une

thébaïde

où

l'on

vient

se

reposer

sans

vraiment

rester

Vient le moment

Où notre âme a perdu tant d'amour

Qu'elle refuse le rêve.

J'ai toujours fait en sorte de ramasser

quelque chose quand je suis tombé

comme si j'avais besoin de donner

une raison à mes chutes

de leur fabriquer

des excuses

mais ça m'a permis

d'assembler des poussières d'espoir.

Et après tout ce à quoi j'ai rêvé,

j'ai compris que *jamais*

je ne volerai

    la *liberté enchainée*

    de ton *cœur déchainé*

elle m'a donné des haut-le-cœur
et le mal de mer
mais je ne sais pas si elle m'a retourné le cœur
ou si *elle a inversé le sens de rotation de la Terre*

*À quoi bon avoir
plusieurs cordes
à mon arc
si tu es
ma dernière flèche ?*

Je n'avais

aucune valeur

à ses yeux,

                              j'étais un peu comme

            un *je t'aime*

                prononcé trop tard **,**

              comme un *adieu*

                prononcé trop tôt **.**

Elle est de celles qui négocient avec l'amour pour voler un peu de place dans des souvenirs, pour se lover dans des cœurs.

J'admire ce qu'elle a, tout au fond de son cœur. Elle a quelque chose de plus pur que les vibrations de la lumière, de plus sincère que le murmure d'un secret, de plus léger que le bourdonnement de l'orgue, de plus doux que le ronronnement du chat.

Et moi,
sans doute
trop égoïste,
je ne me fais pas
à l'idée que si
je laissais un vide
dans *ce* cœur,
dans *son* cœur,
elle pourrait le combler.

J'ai l'impression d'avoir tout appris de toi.

Est-ce pour cela que l'amour me semble si incertain ?

Je ne crois pas
que ce soit nos vies
qui sont trop petites,
mais *nos rêves*
qui sont trop grands.

Je suis méprisant de

tout ce que tu n'es pas,

Chaque musique que j'écoute crie ton nom. Chaque film que je regarde reflète ton ombre. Chaque livre que je lis est ton récit. Chaque endroit, où que j'aille, te dessine. Les monts sont tes seins, les plaines sont l'éternité de ton visage. Même l'atmosphère semble porter ton odeur.

Maintenant, je déteste tout. Ces musiques bruyantes me hantent. J'en veux aux écrivains de sembler te connaître. L'air nauséabond a volé ton parfum et c'est lui qui m'a condamné à la perpétuité.

parce que j'ai l'impression

*que **tu es tout**.*

J'ai compris que tu n'étais plus qu'oubliée
lorsque ma plume
en t'écrivant
fut souillée
plus qu'émerveillée.

*Tu n'es plus qu'une
rose qui se consume
ne laissant qu'un
charbon de bonheur.*

A-t-on vraiment
le droit d'aimer
au point de ressentir
une forme de
privilège
à avoir
le *cœur brisé*
?

Partie 2
Tant de lumière dans tes yeux

J'ai glissé des mots
d'amour dans sa
boîte aux *lèvres*.

tu es celle qui a su me montrer
qu'en osant rêver
l'éphémère est
infini
et l'amour
indéfini

Si je jouis de la vie,
c'est parce que tu es
mon orgasme
de tous les jours.

Aux fenêtres de son amour, elle ne met pas de rideaux.

"Quel manque de pudeur !", me direz-vous ;

"Vous vous trompez", vous répondrai-je.

Elle a juste fait le choix de laisser passer un peu plus de lumière, là où tant d'autres ont préféré fermer leurs volets.

Elle s'habille de différence, et c'est son plus bel accoutrement.

Elle range ses casseroles dans la salle de bain, parce qu'on lui a imposé qu'il fallait les ranger dans la cuisine.

"Quelle absurdité", me direz-vous ;

"Quelle élégance", vous répondrai-je.

Sur les murs de l'indifférence, elle colle des poèmes. Eluard, Baudelaire, Hugo, Rimbaud parfois. Le mur de la nostalgie, elle le peint, le recouvre de roses.

"Quel cliché", me direz-vous ;

"Quelle pureté", vous répondrai-je.

Ses ombres, elle en fait un éloge. Ses peines, elle les confesse. Son ennui, elle l'occupe.

Les cœurs pusillanimes, elle les parfume d'audace. D'un parfum capiteux, saisissant, envoûtant.

"Quelle fausseté", me direz-vous ;

"Quelle vérité", vous répondrai-je.

Elle exprime l'avenir en prononçant ses verbes au présent. Elle remplace "avoir" par "être". De manière générale, elle utilise son être quand elle devrait avoir. Les déterminants indéfinis, elle les définit. Les compléments du nom, elle en fait des noms.

"Quel solécisme", me direz-vous ;

"Quelle liberté", vous répondrai-je.

Elle a l'effronterie d'embrasser là où les bien-pensants se l'interdisent. Elle se prend des cuites à l'eau de rose, jusqu'à l'aube rose.

"Quel alcoolisme", me direz-vous ;

"Quelle ivresse", vous répondrai-je.

Sur le lit de la concupiscence, elle baise ardemment. Et voyez-vous comme ce mot semble doux lorsque l'on parle d'elle ? La vulgarité d'un texte, la bassesse des mots, elle la rend belle. Les mots indigestes de ma plume, sa beauté les absorbe.

> *Vous me direz qu'elle est folle ;*
> *je vous répondrai qu'elle est l'amour.*
> *Vous me direz que je suis fou ;*
> *je vous donnerai raison*
> *et vous répondrai "oui, d'amour".*

Je passe le plus clair
de mon temps à t'écrire
dans l'aveuglante **obscurité**
de la nuit.

Même dans **l'ombre**,
ton monde est plein de lumière.

qui osera venir me dire qu'il fait
nuit dans l'univers ?

j'aimais le regard

qu'elle avait sur les choses ;

    elle arrivait à *danser*

    pendant que le monde entier

    s'é

        c

         r

          o

           u

            l

           a

            i

            t sous ses pieds.

toi,

tu me montreras la beauté de la *vie*,

rien qu'en faisant rimer mon nom avec *passion* ;

parce que c'est la plus jolie des *raisons* ;

je t'apprendrai la *folie*,

moi,

J'AIMERAIS

dessiner

TON CORPS

de mes mots.

le Poète de la Vie
sait que dessiner des mots
suffit à effacer les maux.

tu es le plus beau ROMAN

que je n'ai jamais lu,

        le plus beau FiLM

        que je n'ai jamais vu,

                la plus belle MUSiQUE

                que je n'ai jamais entendue.

là où tu vois une *fêlure*

je vois une brèche vers un univers

là où tu vois un *tunnel*

je vois un pont vers la lumière

là où tu vois une *impasse*

je vois une avenue

là où tu vois un *achèvement*

je vois un commencement

là où tu vois des *ombres*

je vois la lumière qui les projette

là où tu vois la *différence*

je vois la diversité

là où tu vois la *mélancolie*

je vois la rêverie

là où tu vois le *vide*

je vois l'infini

là où tu vois le *vertige*

je vois la liberté

tu vois,

je suis d'un optimisme ineffable

alors pourquoi vois-je de la souffrance

là où les gens voient de l'amour ?

l'amour est un pont

qui relie deux univers

laissez-moi ma naïveté,
ma frivolité,
mon innocence.

>parce que tenter
>de garder un peu
>***d'innocence,***
>c'est tenter
>de rester un peu
>***en enfance.***

si chaque
étoile est
une fleur,
peut-on dire
que *la
galaxie est
un bouquet
de toi* ?

le nuage entre nos deux étoiles
est l'océan de notre victoire.

les femmes dont on tombe

amoureux

sont celles qui savent nous offrir un

chemin

sans même le

baliser

Il y a tout un univers
*dans l'*espace
qui joint nos deux mains.

Vois-tu comme le monde est beau,
comme la terre est belle ?

*Suis-je le seul à voir
ses hanches dans les montagnes
et ses yeux dans les cieux ?*

Dans mon monde,
la courbe de la terre
est le prolongement
de la courbe de ses yeux.

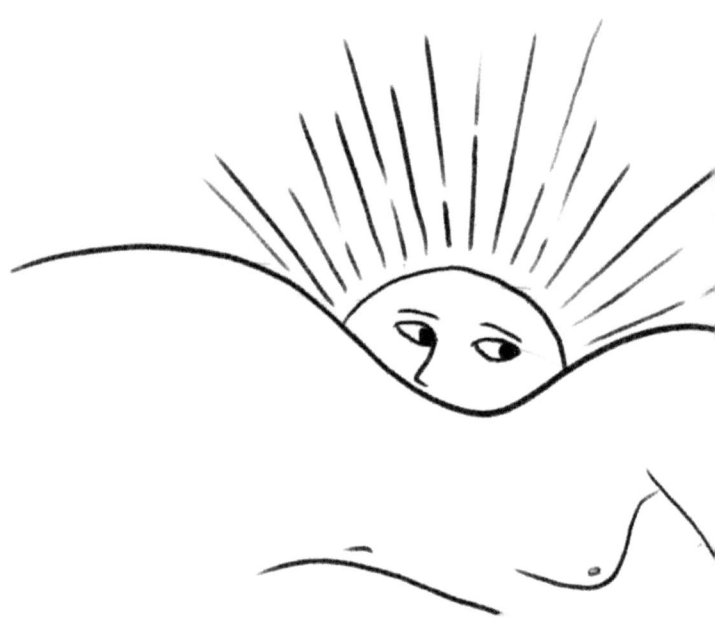

-Que
mangeons-
nous
ce soir ?

-Un
grand
bol
d'éternité.

Tu as une tenue du cœur qui habille le monde.

en amour,
j'ai connu,
je crois,
toutes les situations :

    la courante idéalisation de l'être aimé
    l'étonnant masque face à l'imperfection
la recherche de l'espoir dans le mal d'amour
        la constante influence du désir
                  …

    et
    alors que j'étais persuadé d'avoir tout connu
        tu es arrivée.

Ne voudrais-tu pas tenter de
marier la ***sagesse de ta folie***
à la ***tendresse de mes envies*** ?

j'ai trébuché
sur ton regard
et suis tombé
dans ton cœur.

JE VEUX
TON ~~CORPS~~ COEUR
DANS MES ~~DRAPS~~ BRAS

Le bateau de l'amour n'a pas de capitaine

tes yeux si bleus

et ton regard si profond

pourraient s'emparer

de ma naïveté

et me faire croire

être au beau milieu de l'océan

je revois les rayons du soleil

tanguer sur les vagues

comme on valse dans le temps

mes pensées

ne savent mieux utiliser les minutes

qu'à épier la houle de tes cils

    je pourrais avoir le mal de mer

        et croire que je danse

           sur tes paupières

        mais peu importe car

    j'ai la chance d'avoir embarqué

      sur le plus beau des bateaux.

j'ai délaissé
l'Amitié
en plaçant tant d'espoir en
l'Amour

                      puis,
               j'ai compris que

                                 l'Amitié,
          c'est l'alchimie qui répare les cœurs que
                                   l'Amour
                                   a brisés.

?

*qu'y
a-t-il
de plus
intime
que
l'écriture*

?

tu as dans le **cœur**

tout ce que je n'ai pas su trouver

dans tes **yeux**.

tu as dans les **yeux**

tout ce que je n'ai pas su trouver

dans ton **cœur**.

Elle me regardait
muette
et dans ce calme assourdissant
je me rendis compte
que j'avais passé mon temps à écrire
pour finalement comprendre que
la plus belle des poésies est un simple silence.

Faire l'amour est le plus beau des ballets ;
c'est faire danser des cœurs
en faisant valser des corps.

un verre de vin
quelques étoiles
et un poème :
voilà à quoi ressemble
la vie
lorsqu'elle est belle.

en t'embrassant,

j'ai *perdu* trois secondes

mais j'ai *gagné* l'éternité.

Tous ceux que nous
avons aimé ont été des
portes vers la vie.

- Qu'est-ce qui t'inspire ?

- *Elle*

- A quoi ressemble-t-*elle* ?

- *À l'éternité*

Chaque personne
que j'ai rencontrée
dans ma vie
a été un poème
pour moi.
Si je suis un poète,
ce n'est que par eux.
Je n'ai ni don ni talent,
j'ai eu de la chance
sur ceux que j'ai croisés,
voilà tout.

nos battements de cœur tapent en rythme dans la mélodie du temps

j'aime toutes les *branches de ton âme*,
tous les *nuages de tes yeux*,
tous les *détails de tes larmes*.
  tous les *pétales de ton charme*.
  tout le *courage de tes cieux*,
j'aime toutes les *hanches de ton arbre*,

Tous
les
cœurs
brisés
ne
sont
pas
tranchants.

*il n'y a rien de
plus beau que
de glisser des
fragments
d'espoir dans
les éclats d'un
cœur brisé.*

je crois tout savoir de toi

mais ne sais rien exprimer

                          j'ai l'impression d'avoir

                ton cœur sur le bout de la langue.

Elle entre.

- *Me voilà ravie de vous trouver là.*
- *Que me vaut l'honneur de votre présence ?*
- *J'ai à vous parler avec sincérité, mais je peinais à m'exprimer.*
- *Je n'attends qu'à vous ouïr.*
- *Je pensais pouvoir faire preuve d'une certaine témérité, mais maintenant que je me trouve devant vous, je ne sais comment vous le dire.*
- *Soyez libre.*
- *Je suis éprise d'un être délicieux.*
- *Délicieux ?*
- *Charmant.*
- *Un être ?*
- *Vous.*
- *Vous m'aimez ?*
- *Profondément.*
- *Êtes-vous amoureuse ?*
- *Ne sont-ce pas là deux choses identiques ?*
- *Semblables, assurément, mais aimer et être amoureux sont, dans les faits, bien différents.*
- *Quelle est-elle, cette différence ?*
- *Elle est complexe.*
- *La différence se place-t-elle dans son intensité ?*
- *Nullement.*

- Celui qui aime est-il moins sincère que celui qui est amoureux ?
- Non, la sincérité peut être plus profonde pour celui qui aime.
- Comment est l'esprit de celui qui aime ?
- Ouvert.
- Et de celui qui est amoureux ?
- Affable.
- La parole de celui qui aime, comment est-elle ?
- Honnête.
- Et de celui qui est amoureux ?
- Sincère.
- L'âme de celui qui aime ?
- Grande.
- Celle de l'amoureux ?
- Noble.
- Ses sentiments ?
- Infinis.
- Qu'en est-il de la compassion de celui qui aime ?
- On l'appelle la bonté.
- L'amoureux fait-il preuve de bonté ?
- Oui, on l'appelle la compassion.
- Comment perçoivent-ils les défauts ?
- Celui qui aime accepte les défauts, c'est un tolérant.
- L'amoureux est-il intolérant ?
- Il n'est plus question de tolérance pour l'amoureux, il aime les défauts plus qu'il ne cherche à les tolérer.

- *Être amoureux, est-ce aimer en acceptant les défauts ?*
- *Dans un sens.*
- *Aimer est-il un défaut ?*
- *Ce n'en est pas un. Mais l'amoureux n'a pas le plus grand défaut de tous ceux qui aiment : s'attarder sur les défauts des autres.*
- *En réalité, ce ne sont là que des mots !*
- *Mais ils sont à l'origine de tant !*
- *De tant ?*
- *De tout !*
- *Je dois avouer ne guère plussoyer à votre vision saugrenue.*
- *Ne dites-vous point « je t'aime » à vos proches ?*
- *Je le dis.*
- *Les désirez-vous ?*
- *Non !*
- *Voyez-vous ? Vous connaissez cette différence !*
- *Je suis bien désappointée de votre réponse à mes aveux.*
- *Elle ne vous sied point ?*
- *Je m'attendais à toute autre chose.*
- *Aurais-je dû ne pas vous reprendre ?*
- *Il est vrai que je vous estimerais bien moins si vous aviez parlé d'autre façon.*
- *Vous voyez.*

l'amour

peut se faire

désir profond

raisonnement erroné

envie évidente

détail envolé

      mais toujours

      il aura ce pouvoir

d'apaiser ou de réveiller un cœur

d'éclairer ou d'éteindre un esprit

papa
et
maman
m'ont fabriqué un cœur ;

    toi, tu l'as fait battre.

Tout ce qui mérite d'être vécu porte ton nom.

-Pourquoi aimes-tu tant l'amour ?

-Parce que c'est l'unique science pour laquelle les réponses sont plus nombreuses que les questions.

Si l'univers pouvait communiquer, *il parlerait ta langue.*

être ivre
    toujours de *beauté*
    souvent de *poésie*
    constamment *d'amour*
    parfois de *vin*
        était pour elle une **conviction**

*C'est comme ça que,
du bout des rêves,
elle touche à
ce qu'il y a
d'éternel.*

Le
grand
témoin
de
la
puissance
de
l'illusion
est
notre
capacité
à
se
dépasser
par
peur
de
les
perdre.

Ce dont je ne pouvais me lasser en elle,
c'est que partout où elle voyait la stabilité,
elle exigeait le vertige.

Ces gens comme elle
qui ignorent tout de
la beauté de leur âme
sont insensés.

Je crois qu'à être trop occupée à être elle,

elle oublie à quel point elle est exceptionnelle.

les étoiles ont
chuchoté *ton nom*
toute la nuit ●

,

je leur ai demandé
de faire un peu
moins de *bruit*

,

mais au fond de
moi, je voulais
qu'elles *crient* ●

L'amour d'une femme :

C'est tout ce que la vie nous réclame.

Poète honnête

Je préfère la cuisine de maman aux assiettes étoilées des grands chefs.

>Elle est plus fidèle.
>
>Plus honnête.
>
>Plus fière.

Est-ce de la même manière que je dois admettre préférer la poésie de ceux qui ne savent pas qu'ils écrivent à celle des grands auteurs ?

>Ils ne savent pas qu'ils écrivent,
>
>mais savent pourtant si bien écrire.

J'aime le poète qui a la maladie de ne pas vraiment savoir pour quoi, ni pour qui il écrit. Ce poète-là n'écrit pas pour être lu, mais simplement car traverse en lui, dans son âme et dans son cœur, une ingérable envie d'écrire. Une envie de fiancer la candeur et la vertu.

>*Une envie.*
>
>*Que dis-je ?*
>
>*Un besoin.*

Pour cela, il n'est jamais dans la retenue.

Il se masturbe de ses émotions et éjacule des mots dans un torrent orgasmique. Ce poète-là est un pornographe. Il découvre, tâtonnant les tétons rouges de désir de chaque mot. Timide, il se retient. Il y a pour moi l'évidence que c'est dans la retenue que nait le désir. Le corps habillé est tellement plus désirable que celui auquel on a tout ôté.

Dénudé, il s'étiole.

Où l'imagination peut-elle venir se nicher si on ne lui laisse pas un vêtement pour se musser ?

L'imagination offre la plus pure des scènes érotiques.

Pardon, je me fourvoie. Ne m'en veux pas, mais *le désir m'égare* comme nos envies se perdent.

Tous les jours, je veux du désir. Je désire cette poésie aérienne qui voyage dans les cœurs essoufflés comme s'envolent les papillons avares devant l'orgueil des grands arbres.

L'orgasme, je le veux littéraire.

Qu'on m'offre une jouissance poétique !

Toutefois, ceux qui veulent écrire ont parfois oublié d'aimer.

*

le bonheur est-il

si l'éphémère est

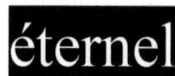

?

courbe de mon cœur
je t'écris ici
courte rancœur
je crie ici
je t'aime partout
et ici aussi

Elle est le *soleil*

qui se couche

dans mes bras

    comme pour *s'éclipser*

    près de mon *cœur*.

Je crois que
j'aime un peu
trop la vie.

A tel point que j'ai la
sensation que *l'univers
me serre bien trop fort
contre sa poitrine.*

Quelle belle ironie que
de se sentir à l'étroit
dans les bras du monde.

-que choisirais-tu, *la folie dans un monde de raisonnés* ou *la raison dans un monde de fous* ?

-le seul fou peut prendre les raisonnés pour des fous ; alors que le seul raisonné ne prendra jamais les fous pour des raisonnés.

-c'est ça, la différence entre *ton monde et le mien.*

TOUS CES
POÈMES
QUI PARLENT
DE
TOI

NE
RACONTENT
RIEN
DE
TOI.

Mes sentiments rissolent
à la chaleur de tes mains
qui bourdonnent amoureusement
un chant de poésie.
*Est-ce le même lorsque
tes cheveux printaniers
chantonnent un air automnal
à mon torse hivernal ?*

j'ai cherché
la *quintessence* de l'amour
la partie *éthérée* de son cœur

                              j'ai trouvé
                   la *volupté* de son corps
           comme une *étoile* en plein jour.

Je
m'interdis

tant que je n'aurai pas assourdi ses oreilles de mes murmures

de

tant que ses lèvres n'auront pas goûté

mourir *à tous* les sons de ma langue

tant que je n'aurai pas écorché tout son corps de tendresses *et* caresses

tant qu'elle n'aura pas senti le parfum langoureux d'un rêve amoureux

et tant que mes yeux n'auront pas parcouru l'entièreté de son cœur.

placez-la en enfer ;
sa présence le changera en paradis.

TON NOM,

je le peindrai

dans la beauté d'une âme

je l'étreindrai

dans les bras d'un cœur attentif

je l'embrasserai

dans l'esprit d'une amoureuse

À TON NOM,

je ferai l'amour

dans le lit d'une maitresse

je le planterai

dans les premiers jours d'un curieux

je le laisserai fleurir

dans les derniers d'un passionné

je le ferai pousser

dans les passions d'un incapable

DE TON NOM,

j'enivrerai

les raisons d'un fou

et les folies d'un raisonné

je l'écrirai

dans le poème d'un rêveur

je le griffonnerai

dans les sagesses d'un audacieux

je l'enfermerai

dans l'éternité d'un baiser

je l'assombrirai

dans la lumière de l'infini

je le mettrai en lumière

dans l'obscurité de l'éphémère

il suffit parfois de se retourner
pour changer
l'obscurité du tunnel
en lumière du jour.

Nous avons assez
de feu en nous
pour allumer la nuit.

La lumière se cache souvent dans l'ombre :

*j'ai ressenti l'onde de tes yeux
dans l'ombre de mes cieux.*

Quand je lui parlais de la vallée de mes rêves,
elle me parlait des montées
comme si c'était des descentes.

*Les vérités des autres nous permettent parfois
d'atteindre les sommets.*

Ton regard lançait

des signaux de détresse.

Moi je crois que

j'avais le don

de les apercevoir

de les voir.

La flamme de l'amour a ce pouvoir

de transformer une simple

fusée de détresse

en

feu d'artifice.

finalement,
je crois qu'on ne connaît les gens qu'en les explorant par l'amitié.
l'amour se contente de l'image de l'autre.
l'amoureux ignore tout face à l'ami.
l'amour vit dans le rêve.
l'amitié vit dans le réel.

****
je te ferai
l'amitié
mieux que je fais
l'amour.

L'amour,

c'est ce doux parfum

que tu portes.

je prendrai beaucoup de toi,
mais jamais trop non plus :

*je prendrai ton âme,
j'en ferai une toile ;*

*je prendrai tes larmes,
j'en ferai des étoiles.*

Un champ d'amour

Je ne vais pas raconter des mensonges à ton esprit pour tenter d'attirer ton cœur.

Alors, non, je ne t'offrirai pas le Soleil lorsqu'il faudra contrer tes tempêtes de tristesse, ni la pluie quand il sera nécessaire d'humidifier tes feux de colère. Je ne t'offrirai pas non plus des étoiles pour remplacer tes larmes, ni la Lune pour t'éclairer dans tes nuits sombres de mélancolie.

Si je pouvais t'offrir tout cela, je le ferais, crois-moi.

Mais à 20 ans, l'innocence s'envole, et on ne sait plus croire en ces chimères.

A trop apprendre on a désappris.

Tu n'es plus suffisamment naïve pour croire ces folies d'un cœur affolé.

En revanche,

Je t'offrirai mes voiles si tu dois partir dans tes vents.

Je t'offrirai ma voix si tes cris deviennent insuffisants.

Je t'offrirai ma patience quand tu seras lasse.

Je t'offrirai mon insouciance quand ta foi en le monde s'assombrira.

Je t'offrirai mes yeux lorsque tes tourments viendront s'échouer sur tes joues.

Je te nourrirai de vœux quand tes objectifs n'auront plus de goût.

Je t'offrirai mes rêves si tu fais des cauchemars et mes lèvres pour endormir tes nuits.

Je t'offrirai des nuits où je métamorphoserai tes formes en art.

Je t'offrirai mes bras les autres nuits, celles où seul un corps peut éclairer un cœur.

Je t'offrirai mes dernières forces si tu dois combattre ;

Mon cœur si le tien cesse de battre.

Je t'offrirai le bonheur quand tes envies abdiqueront ;

Et mes étincelles quand tes espoirs s'éteindront.

Ce sera ton sourire

sinon rien

De nos deux sourires

je ne veux en faire qu'un

Par moment,
j'aimerais laisser ces mots s'effacer,
alors que parfois,
mon souhait le plus grand est de
lacer ces mots à ta pensée.

En habillant tes lèvres,

j'aurais aimé te revêtir de rêves.

j'ai plutôt tendance à croire que

        c'est de la côte d'Ève

            qu'est né Adam,

                    et non l'inverse.

Trois petits grains de beauté
s'alignaient sur ta fesse droite.
Ils étaient comme des points
de suspension, qui montraient
qu'il n'y a point de fin à toi.

C'est ça ma vie :
des points de suspension
et une faim de toi.

Le monde n'a qu'une seule Lune.

Moi, j'ai tes deux yeux.

amour,
de quoi as-tu peur ?
      pourquoi m'intéresserais-je
      à des comètes
      alors que j'ai avec moi
      une étoile ?

La lumière de ton corps a repoussé les ombres de ma nuit.
Tu repoussais les limites de ce que les plus grands scientifiques croyaient savoir de la lumière : plus j'étais près de toi, moins les ombres étaient grandes.

As-tu vraiment le droit de remettre en cause toutes les croyances ?

Assoiffé d'idéal, affamé de parfait.

Fut un temps, j'aurais dit qu'
être jeune, c'est parfois idéaliser le monde, parfois l'admonester.
être jeune, c'est tant une folie raisonnable qu'une raison folle.
être jeune, c'est rêver l'espoir et espérer le rêve. C'est aussi parfois se chercher, se perdre et se trouver, bien qu'être jeune est une recherche par-dessus tout.
être jeune aujourd'hui, c'est avoir peur de demain, se souvenir d'hier et s'émerveiller d'aujourd'hui.
être jeune, c'est penser, panser et se repenser ; inventer, inviter et se réinventer. C'est être assoiffé d'idéal, affamé de parfait.
être jeune, c'est un être à apprendre mais surtout apprendre à être.

être jeune, c'est tenter de nager dans le fleuve de l'espoir sans se mouiller de problèmes, sans s'asphyxier de réalité.

mais aujourd'hui,
finalement,
maintenant que je suis encore jeune
tout en ayant un peu vieilli
je crois qu'*être jeune*,
c'est *(t')*aimer.

~ j'ai parfois envie d'arrêter d'être jeune pour aller mesurer l'éternité ~

S'il existe un Dieu,

C'est dans ton regard qu'Il vit.

j'ai

le

cœur

couché

entre

deux

étoiles.

j'aurais aimé te conter
le chant de tes beautés
mais,
hélas,
même en conservant
quelques secrets,
toi aussi,
sombre rose fanée,
tu tomberais amoureuse
de ton cœur oublié.

– Je peux rester là pour toujours ?

– Pour toujours c'est bien trop peu.

Il n'y a dans ce monde

qu'une vérité

à laquelle

pour toujours

je croirai :

> ***l'éternité***
> ***a été créée***
> ***pour t'aimer***
> ***à jamais.***

[...]

Noble femme, reine asservie,
Je rêve à ce sort envieux
Qui met tant d'ombre dans ta vie,
Tant de lumière dans tes yeux

Moi, je te connais tout entière
Et je te contemple à genoux ;
Mais autour de tant de lumière
Pourquoi tant d'ombre, ô sort jaloux ?

[...]

Victor Hugo

L'écriture, c'est le cœur qui éclate en silence.

Christian Bobin

Impression : BoD – Books on Demand,
In de Tarpen 42, Norderstedt (Allemagne)
Impression à la demande
Dépôt légal : Janvier 2024